Komm mit in den Morgenkreis

Neue Ideen für jeden Tag

Praxisreihe Kindergarten

Inhaltsverzeichnis

INHALT

Morgenkreisspiele

für Kinder von 3 bis 6 Jahren

Natürlich sind Ihre Kinder in der gesamten Kita zu Hause. Trotzdem ist der Gruppenraum eine besondere Anlaufstelle. Die Morgenkreisspiele in diesem Heft finden genau hier statt: im Gruppenraum. Alle Spiele und Ideen sind so konzipiert, dass Sie keine Turngeräte und auch kein weiteres besonderes Material benötigen. Dieses Heft soll Ihnen einfach einige schnelle und neue Ideen bieten, die Sie ruck, zuck in Ihren Alltag einfließen lassen können, und zwar dann, wenn Sie sie gerade brauchen. Die Spielideen im Heft eignen sich natürlich nicht nur für Morgenkreise, sondern für alle gemeinsamen Runden zu jeder Tageszeit und auch für die Zeit, die Sie mit den Kindern vielleicht kurz vor dem Mittagessen oder vor einem Ausflug „totschlagen" wollen. Immer dann, wenn Sie die Kinder im Gruppenraum versammeln, hält dieses Heft einen Fundus an „Jetzt-mal-schnell-Ideen" für Sie bereit.

Wie die Ruhe sich im Morgenkreis zu Hause fühlt

Vielleicht kommen die Kinder gestresst (Zeitdruck zu Hause, Stau in der Stadt, Streit wegen Trödelei) in die Kita. Vielleicht ist es draußen kalt, die Kinder können seit Tagen nicht raus und sind dementsprechend „geladen". Vielleicht haben Sie selbst heute einen Brummschädel, weil der Lärm wieder einmal Ihre Ohren klingeln lässt oder weil heute viele Kinder in der Gruppe streiten. Es gibt sie, die Situationen, in denen man sich einfach ein bisschen Ruhe oder eine kleine Pause wünscht. Für solche Tage und Stunden finden Sie in diesem Heft Spiele, die schnell und einfach für mehr Ruhe in der Gruppe sorgen können. Zwei Minuten Stille können enorm viel ausmachen – und sich bei einer Minifantasiereise, einer lustigen Atemübung oder einer kleinen Meditation erholen zu dürfen: Das tut nicht nur den Kindern gut, sondern auch Ihnen selbst.

Im Morgenkreis die Sinne ansprechen

Ohren, Augen, Nase, Mund, Hände – das sind bei Weitem nicht alle Sinnesorgane. Unser Körper ist ein einziges Instrument zur Sinneswahrnehmung. Gerade für Kitakinder sind auch Sinnessysteme wie das vestibuläre System (der Gleichgewichtssinn mit all seinen beteiligten Körperorganen und Körperteilen wie Ohren, Muskeln, Gehirn und zentrales Nervensystem) wichtig. Auch die Eigen- und Tiefenwahrnehmung (Propriozeption), die dem Gehirn Informationen darüber liefert, wo sich gerade welcher Körperteil in welcher Stellung befindet, ist wichtig. Mit Spielen und Ideen für die Sinne könnten wir ein gesamtes Heft füllen. Für dieses Heft haben wir vor allem solche Spiele ausgewählt, die sich leicht drinnen und ohne großes Material spielen lassen und die trotzdem einen hohen Aufforderungscharakter haben.

Bewegter Morgenkreis

Alle sind müde, keiner hat Lust? Von wegen! Unsere Bewegungsspiele machen so viel Spaß, dass auch Bewegungs- oder Morgenmuffel mitgerissen werden. Auch auf kleinstem Raum (falls Ihr Gruppenraum nicht allzu groß ist) lässt sich Bewegung realisieren, man muss nur die richtigen Ideen haben. Genau die liefern wir Ihnen, denn mit etwas Fantasie wird Ihr Gruppenraum zum Märchenwald für findige Pilzsucher oder zum Meer, in dem Muscheln und Fische ganz schön aufpassen müssen, dass sie rechtzeitig in ihre Verstecke kommen. Oder die Kinder gehen auf Formenjagd und Sie verbinden mathematische Grunderfahrungen für die Kinder mit Bewegung. Etwas Bewegung im Morgenkreis bessert auch innerhalb kurzer Zeit die Stimmung in der Gruppe. Bewegung ist – auch wenn es auf den ersten Blick nicht so scheinen mag – magisch, denn sie zielt immer auch auf die Seele ab, bringt Dinge in Bewegung, lenkt ab von Streit, Ärger und räumlicher Enge. Bewegung macht glücklich!

Fingerspiele, Mitmachgedichte und Reime

Na klar, das gehört in den Morgenkreis. Aber Kinder über 3 Jahren, die wir mit den Ideen in diesem Heft besonders ansprechen möchten, mögen häufig nicht die Kitzel- und Krabbelspielchen, die Sie mit den jüngeren Kindern in der Einzelsituation durchführen. Gerade die „Großen" bleiben beim Thema „Fingerspiele" irgendwie häufig auf der Strecke. In diesem Heft gibt es darum Fingerspiele zum Mitzählen oder Buchstabieren für die Vorschulkinder, Mitmachgeschichten und -gedichte, die nicht „peinlich" für die Älteren sind, und Hand- und Fingerspiele, die Rhythmus und Aufpassen miteinander verbinden und bei denen ältere Kinder nicht nur viel Konzentration und Aufmerksamkeit benötigen, sondern einfach auch einmal lachen dürfen.

Musik und Klang im Morgenkreis

Sie wollen keine Musikeinheit konzipieren, sondern einfach singen, musizieren und tanzen, und zwar im Morgenkreis? Spontan, ohne viel Material, dafür mit viel Lust und neuen Liedern? Bitte schön: Am Ende des Heftes finden Sie Spiele, Lieder, Tänze und Miniklanggeschichten, die Sie aus dem Handgelenk schütteln können, wenn Sie sie gerade brauchen. Bekannte Melodien mit neuem Text helfen dabei. Wir verwenden außerdem nur einfache Klanginstrumente, die Sie sicherlich schnell zur Hand haben und bei denen die Kinder keine große Einweisung benötigen. Ganz ohne Orff und Triangel geht es übrigens auch: Schließlich besitzen Sie Arme, Hände und Füße, mit denen sich prima Rhythmen erzeugen lassen.

Morgenkreisspiele mit Bewegung

Bewegung funktioniert auch auf kleinstem Raum. Auf den folgenden Seiten warten Bewegungsspiele auf Sie, die keine Turnhalle und keinen Bewegungsraum samt Ausrüstung benötigen, um Spaß zu machen. Die Bewegungsspiele kombinieren stattdessen Konzentrationsfähigkeit und genaue Wahrnehmung mit Bewegungserfahrungen. Sie eignen sich, wenn die Kinder am Morgen noch nicht richtig wach sind oder wenn Unruhe und Bewegungsdrang die Lautstärke im Gruppenraum ansteigen lassen. Bewegung ist allerdings immer wichtig. Machen Sie selbst auch mit, denn Bewegung hebt erwiesenermaßen die Laune und das Selbstbewusstsein.

Alarm für die Meerestiere

Fitnesstraining aus dem Reich des Meeres

Ab 3 Jahren
Aufmerksamkeit, Konditionsaufbau

Brauchen Kindergartenkinder Konditionstraining? Natürlich nicht, aber bei diesem Spiel darf und soll getobt werden. Es bietet sich an, wenn die Kinder sich richtig auspowern möchten, und ist nicht ganz leise. Dafür können Sie hinterher gemeinsam verschnaufen und ausruhen.

Das brauchen Sie

- **Tische und Stühle aus dem Gruppenraum**

Stellen Sie gemeinsam mindestens acht Stühle nebeneinander in einer Reihe auf, sodass die Sitzflächen möglichst ohne Abstand dicht an dicht stehen. Der Tisch wird etwas weiter weg platziert und muss komplett abgeräumt sein.

Dann kann es losgehen. Bei diesem Spiel sind alle Kinder Meerestiere. Dazu darf sich jedes Kind das Meerestier aussuchen, das es gern verkörpern möchte. Nur einen Hai darf sich niemand aussuchen, aber Seepferdchen, Tigerfische, Quallen, Tintenfische, Seesterne, Seeigel, Krabben und viele andere sind erlaubt. Die Meerestiere bewegen sich mit Schwimmbewegungen im Raum umher, entweder auf dem Boden liegend oder im Laufen. Die pädagogische Fachkraft übernimmt die Rolle der Meerhexe, die über die Meerestiere wacht und sie vor Gefahren warnt. In letzter Zeit schwimmt nämlich ein gefährlicher Hai durch diese Gewässer, der auf der Suche nach leckeren Meeresbewohnern ist.

Beim Signal „Achtung, Hai: verstecken!" müssen darum alle Meerestiere schnell unter einen Felsen (die Stuhlreihe) kriechen. Beim Signal „Achtung, Hai: weglaufen!" kriechen alle sehr schnell über die Sitzflächen der Stuhlreihe hinweg und beim Signal „Achtung, U-Boot!" verstecken sich alle gemeinsam unter dem Tisch. Sie können mit den Kindern noch mehr Signale vereinbaren und mit Bewegungen kombinieren. Bei einem Meeressturm müssen die Meerestiere beispielsweise auf dem Bauch über die Stuhlreihe kriechen oder rutschen oder ganz unter der Reihe hindurchkriechen. Da werden Ihre Kinder sicher für weitere Ideen sorgen.

Schnelles Schneeglöckchen

Ein Bewegungs- und Puzzlespiel

Ruck, zuck ein Riesenschneeglöckchen auf dem Boden zusammenpuzzeln: Darum geht es bei diesem Bewegungsspiel. Das Material haben Sie mit den Kindern mit viel Spaß schnell selbst hergestellt. Falls es gerade nicht Winter oder Frühling ist, suchen Sie eine andere Blume oder Pflanze (vielleicht eine Sonnenblume) aus.

Ab 4 Jahren
Visuelle Wahrnehmung, Reaktionsgeschwindigkeit

Das brauchen Sie

- **große Bögen Karton oder Pappe, etwa von Umverpackungen**
- **Scheren**
- **Bleistifte**
- **Acryl- oder Fingerfarben**
- **Schwämmchen und Pinsel**
- **schwarzen, wischfesten Filzstift**
- **nach Wunsch: Laminiergerät**
- **1 großer Zahlenwürfel**

Schauen Sie sich mit den Kindern die Blume an, die Sie gern puzzeln möchten. In unserem Beispiel malen Sie mit den Kindern mit Bleistift die ganze Blume auf einen ausreichend großen Kartonbogen: eine Zwiebel mit Wurzelhärchen, einen Stängel mit zwei oder drei schmalen, spitzen, langen Blättern, die Blüte mit den Staubblättern. Je größer die Blume wird, desto lustiger. Die Kinder malen die Blume mit den Farben, Pinseln und Schwämmchen passend an. Nach dem Trocknen umranden die Kinder die Blume mit schwarzem Filzstift und schneiden sie aus. Dann schneiden Sie die Blume in Teile: die Blüte, den Stängel, die beiden einzelnen Blätter, die Zwiebel und die Wurzelhärchen. Diese Einzelteile können Sie für bessere Haltbarkeit nach Wunsch laminieren. Dann geht es los.

Die Blumeneinzelteile legen Sie auf dem Tisch bereit. Die Kinder sitzen daneben in einem Sitzkreis. Die Kinder würfeln reihum. Wer eine 6 würfelt, rennt ganz schnell eine Runde um den Sitzkreis, dann in die Mitte und legt das erste Puzzleteil aus. Aber Vorsicht: Würfelt in dieser Zeit ein anderes Kind ebenfalls eine 6, muss sich der erste Spieler wieder hinsetzen und das Kind, das als zweites die 6 gewürfelt hat, holt das erste Puzzleteil. Jedes Kind darf immer nur ein Puzzleteil auslegen. Ist die Blume fertig auf dem Boden zusammengepuzzelt, ist das Spiel zu Ende und alle Kinder haben gemeinsam gewonnen.

Variation

Noch mehr Spannung kommt ins Spiel, wenn Sie eine Stoppuhr stellen und die Kinder innerhalb einer bestimmten Zeitspanne die Blume fertig haben müssen.

Radtour mit den Waldhexen

Eine Turngeschichte zum Sofortmitmachen

Ab 3 Jahren
Grobmotorik, Muskeltonus

Auf den Rücken legen und Radfahrbewegungen machen: Das ist gut für Beine und Rücken, aber auch ganz schön anstrengend. In diese Bewegungsgeschichte sind darum kleine Massagepausen eingebaut.

Das brauchen Sie

- **nach Wunsch für jedes Kind eine Turn- oder Yogamatte**

Legen Sie die Matten in einem Kreis aus. Die Kinder können aber auch ohne Matte einfach auf dem Boden mitturnen. Alle Kinder setzen sich mit den Beinen zur Kreismitte. Zu Beginn der Geschichte liegen alle auf dem Rücken.

Heute sind wir mit den Waldhexen unterwegs. Die Waldhexen sind eine ziemlich wilde Bande. Sie sitzen schon auf den Fahrrädern. Kommt, steigt auf, wir radeln mit ihnen mit.
Die Beine heben und Radbewegungen machen.

Puh, das ist ja ganz schön anstrengend. Wir steigen ab und schütteln unsere Beine aus.
Die Beine sinken lassen und abwechselnd ausschütteln.

Was soll das denn? Die Hexen haben einen Giftpilz gefunden und vor Freude darüber beginnen sie zu tanzen, könnt ihr diesen verrückten Tanz nachmachen?
Mit den Beinen wild in der Luft strampeln.

Hui, jetzt sind unsere Beine ganz schön schwer. Wir schütteln sie wieder ein bisschen aus. Ihr dürft sie auch ganz sanft massieren und abklopfen.
Beine wieder sinken lassen, ausschütteln und mit den Händen abklopfen.

Weiter geht's. Alle wieder auf die Räder. Und diesmal zischen die Hexen so richtig davon, ihr müsst ganz schnell in die Pedale treten. Und noch schneller. Und noch ein bisschen schneller.
Ganz schnelle Radbewegungen machen.

Jetzt könnt ihr langsamer werden, denn es geht einen Hang hinab. Und noch langsamer und – huch – das war eine Wurzel.
Langsamer werden und kurz auf dem Po hüpfen.

Wir radeln noch ein Stückchen mit den Hexen mit. Die Hexen radeln weiter in den Du-kommst-nie-mehr-zurück-Wald, aber wir sind schon fast wieder zu Hause in der Kita angekommen. Wir werden langsamer und noch langsamer und radeln jetzt gaaaanz langsam.
Immer langsamer „radeln", zum Schluss ganz langsam werden. Gerade diese Bewegung ist besonders anstrengend.

Puh, fertig, ihr könnt ein bisschen verschnaufen.
Geben Sie den Kindern etwas Zeit, um eine Weile auszuruhen.

Bäume wecken

Ein Bewegungsspiel für den Frühling

Ab 4 Jahren
Körperkraft, Fantasie und Vorstellungsvermögen

Eigentlich schlummern die Bäume im Winter ja gar nicht wirklich, denn schon im Dezember oder Januar können die Kinder an Buchen winzige Knospen entdecken, aus denen im Frühling die Blätter hervorkommen. In diesem Spiel werden die Bäume geweckt, und zwar von umherschwirrenden Baumelfen mit Zauberstäben.

Das brauchen Sie

- **etwa 4 Zauberstäbe (selbst gemacht aus Zweigstückchen, die bemalt werden)**

Für dieses Spiel teilen Sie Ihre Gruppe auf. Etwas weniger als die Hälfte der Kinder sind Baumelfen. Sie bekommen die Zauberstäbe. Die anderen Kinder sind Bäume. Diese Rollen können nach der ersten Spielrunde natürlich wechseln.

Die Bäume stellen sich etwas am Rand des Gruppenraums auf. Sie stellen sich in eine Baumpose, die sie sich selbst ausdenken. Dabei können die anderen Kinder ihnen helfen und Arme und Beine positionieren oder einfach Vorschläge machen. In der Baumpose dürfen sich die Bäume nun möglichst nicht mehr bewegen. Wer kann ganz still stehen bleiben und seine Pose halten? Die Baumelfen fliegen (laufen) durch den Raum. Wenn sie einen Baum mit ihrem Zauberstab vorsichtig anpiksen, beginnt sich der Baum zu bewegen: Erst ganz langsam, dann wiegt er sich mit seinen Armen (Zweigen) im Wind hin und her. Wenn alle Bäume angepikst wurden, bringen die Baumelfen die Bäume wieder zum Einschlafen. Dann müssen die Bäume in genau der Position erstarren, in der sie sich gerade befinden.

Pilze im Märchenwald

Ein Bewegungsspiel aus der Zauberwelt

Ab 4 Jahren
Körperkoordination, Aufmerksamkeit

Beim Giftpilzesammeln dürfen sich die Zauberwesen in diesem Spiel nicht vom Troll erwischen lassen. Dabei ist das ständige Bücken doch schon anstrengend genug. Ob es die Hexen und Zauberer trotzdem fertigbringen, ihren Zaubertrank herzustellen?

Das brauchen Sie:

- **für jedes Kind einen Sandkasteneimer oder ein Henkelkörbchen**
- **kleine Bälle aller Art (Flummis, weiche Spielbälle, Knetbälle, Sandbälle, Tischtennisbälle, Wattekugeln, ersatzweise: bunte Drehverschlüssse von PET-Flaschen)**
- **1 sehr großen Kochtopf**
- **1 Ball**

Verstreuen Sie gemeinsam die Bälle und / oder Drehverschlüsse auf dem Boden. Die Kinder müssen gut achtgeben, dass sie nicht drauftreten. Jedes Kind bekommt ein Eimerchen oder Körbchen. Die Kinder sind in diesem Spiel Kräuterhexen oder Zauberer, die dringend Giftpilze für ihren Zaubertrank benötigen. Allerdings müssen sich die Kinder mit dem Sammeln beeilen, denn ein gefährlicher Troll läuft durch den Wald, der mit Geschossen aus Stein um sich wirft.

Auf ein Startsignal hin beginnen alle Hexen und Zauberer mit dem Pflücken der Giftpilze. Sie probieren so schnell wie möglich so viele Pilze wie möglich in ihre Eimer zu bekommen. Eimer, die voll sind, können die Hexen und Zauberer im großen Kochtopf ausleeren und erneut zum Sammeln starten. Allerdings müssen die Hexen und Zauberer aufpassen, denn hin und wieder fliegen Steingeschosse vom Troll durch den Wald. Dazu werfen sie leicht mit dem Ball gegen die Beine der Kinder. Achten Sie aber darauf, dass Sie nicht zu häufig werfen, damit die Kinder eifrig sammeln können. Abgeworfene Kinder ruhen sich beim Troll aus.

Zusatzidee

Sie können das Spiel auch mit Eicheln und Kastanien als Zauberpilzen statt der Bälle oder Verschlüsse spielen. Dann dürfen zum Schluss alle einmal im großen Kochtopf mit den Händen rühren. Es ist nämlich ein besonderes Fühlerlebnis, seine Hände in einem großen Behältnis mit Kastanien zu versenken. Statt des großen Topfes können Sie natürlich auch eine Babywanne oder ein kleines Planschbecken verwenden. Wie wäre es mit einem Ganzkörper-Kastanienbad?

Formenjagd

Ein Bewegungs- und Wettspiel rund um geometrische Formen

Ab 4 Jahren
Visuelle Wahrnehmung, Konditionsaufbau

Ein schnelles Auge für geometrische Formen ist bei diesem Bewegungsspiel gefragt. Die Kinder sollten mit den Formen Kreis, Viereck, Dreieck, Stern und Herz vertraut sein. Ältere Kinder sollten auch wenn möglich den Unterschied zwischen Quadrat und Rechteck wissen.

Das brauchen Sie

- **Ausstechförmchen in Kreis-, Viereck-, Herz- oder Sternform**
- **Reste von buntem Tonkarton, sonstige Papp- und Kartonreste**
- **Bleistifte**
- **Scheren**
- **1 große Schachtel**
- **CD-Spieler mit Lieblingsmusik der Kinder**
- **Becher, Teller**

Schneiden Sie mit den Kindern aus Pappe und Karton viele unterschiedlich große Formen aus. Dazu können die Kinder selbst Formen vormalen: mit Bechern oder runden Ausstechförmchen, kleinen Tellern und Schüsseln lassen sich prima Kreise vormalen. Schön, wenn Sie ganz kleine und ganz große Kreise zur Auswahl haben. Herzen und Sterne können die Kinder ebenfalls mit den Förmchen auf die Pappe zaubern. Vierecke (Quadrate und Rechtecke) können Sie den Kindern vormalen.

Alle Formen ausschneiden und nach Wunsch laminieren. Falls Sie Kunststoffformen aus Lehrmaterialien in der Kita haben, können Sie sie mitbenutzen. Alle Formen – auch die Ausstechförmchen – wandern in die große Schachtel und werden mit geschlossenem Deckel gut gemischt. Dann kann das Spiel beginnen.

Die Schachtel kommt in die Raummitte. Die Kinder tanzen oder laufen zur Musik durch den Raum. Beim Musikstopp und dem Kommando „Herz gesucht!“ rennen alle Kinder zur Schachtel und suchen sich je ein Herz. Aber Vorsicht: Wenn die Musik wieder angeht, scheiden die Kinder, die kein Herz gefunden haben, aus und nehmen für eine Spielrunde am Rand Platz. Alle Kinder, die ein Herz gefunden haben, legen es auf einem Tisch in der Nähe ab. Das Spiel kann so lange gehen, bis keine Formen mehr vorhanden sind.

Variation

Jedes Kind zieht sich blind eine Form aus der Schachtel. Beim Musikstopp rufen Sie aus: „Herzen zusammen!“ Alle Kinder, die ein Herz gezogen haben, haken sich nun beieinander ein und tanzen gemeinsam bis zum nächsten Musikstopp.

Springspinnchen

Ein Spring- und Aufpassspiel fürs Gleichgewicht

Einen großen Sprung machen und dann ganz still stehen bleiben: Das ist auch für Erwachsene nicht einfach. Der Gleichgewichtssinn ist dabei einer unserer wichtigsten Körpersinne. Bei Gleichgewichtsübungen werden dementsprechend viele unterschiedliche Bereiche trainiert wie Muskeln, Sehnen, Körperspannung und Konzentration.

Ab 3 Jahren
Muskeltonus, Körperbeherrschung

Das brauchen Sie

- **etwa 5 große Seile / Taue**
- **etwas Platz**
- **nach Wunsch: CD-Spieler**

Legen Sie die Seile kreuz und quer und teilweise leicht durcheinander im Raum oder auf einer freien Fläche (Wiese, Turnhalle) aus. Die Kinder sind in diesem Spiel Springspinnen. Springspinnen gibt es wirklich. Sie können nicht nur schnell krabbeln, sondern sich springend auf Beute stürzen. Durch einen schnellen Sprung können sie sich auch vor Angreifern in Sicherheit bringen.

Falls Sie einen CD-Spieler mit flotter Kindermusik haben, bewegen sich alle Springspinnen zur Musik durch den Raum. Endet die Musik, müssen alle Springspinnen einen großen Sprung machen und dann ganz still stehen oder sitzen bleiben. Ohne CD-Spieler geben Sie beispielsweise ein Kommando „Spinnenalarm!" aus.

Jede Spinne, die nun an oder auf einem Seil sitzt, kommt in die nächste Runde. Alle anderen Spinnen setzen aus. Wer zum Schluss übrig ist (es können auch alle oder mehrere Kinder sein), ist Springspinnenmeister.

Grashüpfer in Not

Ein Hüpf- und Bewegungsreim für stramme Beine

Wach werden und sich bewegen mit Grashüpfer Kurt? Das macht bestimmt Spaß, vor allem, wenn lustige Reime das Hüpfen und Schütteln begleiten. Wenn da nur der hungrige Igel nicht wäre …

Ab 3 Jahren
Muskelaufbau, auditive Wahrnehmung

Kurt, der Hüpfer, wird grad wach,
er wünscht euch einen guten Tach!

Die Kinder geben sich gegenseitig die Hand und wünschen sich „Guten Morgen" oder „Guten Tag".

Auf und ab, die Beine knicken,
mit dem Kopf nach unten nicken.

(Erste Zeile: Kniebeugen, zweite Zeile: den Kopf vorsichtig nach oben und unten führen, um die Nackenmuskeln zu lockern.)

Fertig für den neuen Tag,
stellt Hüpfer Kurt sich an den Start.

Die Kinder stellen sich in eine selbst ausgedachte Startposition.

Hüpft mal mit auf Blumen und Gras,
ach, jetzt sind die Beine nass!

Im Raum umherhüpfen, dabei dürfen die Kinder selbst wählen ob mit einem oder beiden Beinen.

Kurt schüttelt den Tau vom Körper runter,
das macht ihn frisch, das macht ihn munter.

Die Arme und Beine ausschütteln.

Ein Igel wirft einen Schatten ums Eck:
ein Riesenhüpfer – und Kurt ist weg.

Einen ganz langen Hüpfer machen.

Ball oder Ballon?

Spielideen für den Morgenkreis

Ab 3 Jahren
Grob- und Feinmotorik, sich absprechen können

Ballweitergabespiele im Sitzkreis sind ja eher bekannt und häufig langweilig. Unsere Spiele sind dagegen etwas verzwickter – und bringen sofort gute Laune in die Runde.

Das brauchen Sie

- **1 weichen Ball**
- **mehrere aufgepustete Luftballons**

Spielidee 1: Ball(on)-Durcheinander

Geben Sie im Sitzkreis dem Kind links von Ihnen den Ball in die Hände mit dem Auftrag, ihn weiterzugeben. Dem Kind rechts von Ihnen geben Sie den Luftballon mit dem gleichen Auftrag. Die Kinder sollen die beiden Geräte (Ball und Ballon) so schnell sie können weitergeben und dabei darf keines von beiden auf den Boden fallen. Hierbei wird besonders die Sinneswahrnehmung angeregt, denn die Kinder müssen sich beim Weitergeben vom stabilen, schweren Ball auf den leichten, zarten Luftballon umstellen. Falls Ihre Kinder dieses Spiel schnell beherrschen, geben Sie noch einen weiteren Ball oder Ballon in den Kreis. Auch möglich: viele Luftballons gleichzeitig in die Runde geben.

Spielidee 2: Fußweitergabe

Die Kinder sollen nun einen Ball nur mit den Füßen im Kreis herumgeben. Falls die Kinder das schnell können, bekommen sie statt des Balles in der nächsten Runde den Luftballon. Der Luftballon darf nicht platzen oder den Boden berühren!

Spielidee 3: Teuflischer Tunnel

Diesmal bekommen die Kinder wieder einen Ball, aber jetzt soll er unter den Stühlen hindurch weitergegeben werden. Ganz schön knifflig. Besser funktioniert dieses Spiel, wenn die Stühle nicht so dicht beieinander stehen.

Morgenkreisspiele mit allen Sinnen

Unsere Sinne: Das sind bei Weitem nicht nur Sehen, Hören, Riechen, Schmecken und Tasten. Weitere spannende Sinnessysteme wie das vestibuläre System (der Gleichgewichtssinn), Propriozeption (Eigenwahrnehmung) und der Raum-Lage-Sinn kommen beispielsweise noch dazu. Auf den folgenden Seiten kommen die Sinne zu Wort. Viele dieser Spiele eignen sich nicht nur zur Sensibilisierung der Sinneswahrnehmung, sondern sie können Kinder über die vertiefte Eigenwahrnehmung und Konzentration auch zu mehr Ruhe und Entspannung führen.

Horch mal auf den Tisch

Geräusche auf der Tischplatte erkennen

Ein Rätselspiel, bei dem Geräusche auf einer Tischplatte herausgefunden werden müssen: Das macht den älteren Kindern sicher Spaß. Das genaue Hinhören ist ein gutes Training für die auditive Wahrnehmung und damit ein Beitrag zur Sprachförderung.

Ab 5 Jahren
Auditive Wahrnehmung, Rücksicht nehmen

Das brauchen Sie

- **1 Tisch**
- **Papier**
- **Bleistift**
- **Büroklammer**
- **Löffel**
- **Spielzeugauto**
- **weitere Materialien nach Ideen der Kinder**

Ein Kind presst das Ohr auf die Tischplatte. Hinter ihm erzeugen die anderen Kinder (leise!) Geräusche auf der Tischplatte. Kann das Kind, das horcht, erraten, was hier gerade benutzt wird? Beispielsweise können die Kinder mit einem Stift auf einem Papier malen, mit einem Spielzeugauto über die Platte fahren, mit einem Löffel vorsichtig darauf kratzen oder eine Büroklammer auf die Platte fallen lassen. Vorsicht: Laute Geräusche und starke Erschütterungen auf der Tischplatte sind verboten, denn alle Geräusche erscheinen hier lauter. Und: Die Kinder sollten möglichst leise bei diesem Spiel sein und nicht an den Tisch stoßen, damit das lauschende Kind alle Geräusche gut mithören kann.

Horch mal auf den Tisch II

Ein Klopf- und Horchspiel am Tisch

Auch dieses kleine Klopf- und Geräuschespiel findet auf der Tischplatte statt. Allerdings sollten die Kinder hier nicht das Ohr auf den Tisch drücken oder dies höchstens während der ersten beiden Strophen tun, denn danach wird es laut und lustig – und gefährlich für jedes Hörorgan, das auf der gleichen Tischplatte liegt.

Ab 2 Jahren
Sprachrhythmus, auditive Wahrnehmung

Horch, wer kommt mit leisen Sohlen,
heimlich naht es, ganz verstohlen.

Mit den Fingerspitzen über den Tisch streichen.

Hörst du leise Schritte schon,
dazu ein Kratzen, ein leiser Ton?

Mit den Fingerspitzen Schritte andeuten, dann ganz leise kratzen.

Jetzt wird es laut, die Erde bebt schwer,
es trampelt und wummert und stampft so sehr.

Mit den Fäusten auf den Tisch trommeln.

Ein Nashorn ist es auf Zehenspitzen,
auf dem zwei kleine Mäuse sitzen.

Zuerst mit den Fäusten trommeln, dann mit den Fingerspitzen trippeln, dann in die Hände klatschen.

Geschmackstester

Ein Spiel, um Geschmäcke zuzuordnen

In der deutschen Sprache gibt es Begriffe für die Geschmacksnoten süß, scharf, salzig und bitter. Auch Mischformen wie süß-sauer, scharf-süß usw. sind möglich. Und weitere Adjektive (Wie-Wörter) wie würzig, knusprig, zart, deftig, sahnig usw. helfen bei der Beschreibung von gustatorischen Eindrücken. Können die Kinder Lebensmitteln den passenden Begriff zuordnen? Bieten Sie Ihnen doch dieses Gedicht und ein Probiertablett als Einstieg.

Ab 4 Jahren
Wortschatz, Geschmackseindrücke beschreiben

Das brauchen Sie

- **1 Tablett**
- **kleine Stückchen von Apfel, Grapefruit, Zitrone oder kleine Früchte wie Erdbeeren, Trauben und Blaubeeren**
- **kleine Stücke von dunkler (Zartbitter-) und heller oder Vollmilchschokolade**
- **gesalzene Chips oder kleine Salzbrezeln**
- **kleine Stückchen von einer Brezel**
- **für Mutige: kleine Stückchen Zwiebel, Chili-Chips**
- **1 Würfel**

Arrangieren Sie die einzelnen Probierstückchen hintereinander in Form einer Spirale oder eines Schneckenhauses auf dem Tablett. Die Kinder hören zunächst das Gedicht an. Wissen die Kinder noch mehr Lebensmittel oder Speisen, die sie den einzelnen Geschmacksrichtungen zuweisen können? Dann startet das Spiel. Das erste Kind in der Gruppe würfelt und zählt gemäß der Augenzahl die Probierstückchen auf dem Tablett von außen an beginnend ab. Hat es beispielsweise eine 3 gewürfelt, so darf es das dritte Stückchen verspeisen. Nach dem Probieren benennt das Kind, was es gerade gegessen hat und welcher Geschmacksrichtung

(oder welchen beiden Geschmacksrichtungen) es sich zuordnen lässt. Für Lacher und Gejohle sorgen sicherlich die scharfen und bitteren Stückchen. Falls ein Kind die Zwiebel, die bittere und saure Grapefruit, ein Stück Zitrone oder einen scharfen Chip erwürfelt hat, darf es das Stückchen selbstverständlich auch beiseitelegen. Oder traut sich jemand, der sehr mutig ist, ein kleines Stückchen zu probieren?

Kirschen, Melonen, Eis und Konfekt:
Leckereien finden die meisten nett.
Das ist süß!

Aber Chili und Zwiebeln, Pfeffer und Lauch
mag nicht jeder in seinem Bauch.
Das ist scharf!

Suppe und Brezeln zum Mittagessen,
möchtet ihr das gerne essen?
Das ist salzig!

Medizin, Schokolade und schwarzer Kaffee,
manchmal Salate und auch grüner Tee.
Das ist bitter!

Variation

Statt zu würfeln, können die Kinder das Tablett auch einfach im Sitzkreis herumgeben und jedes Kind darf sich immer das Stückchen nehmen, das gerade als Nächstes auf dem Tablett liegt – oder es einem anderen Kind anbieten.

Für die Hände, für die Hände

Ein Eincreme-Fingerspiel im Morgenkreis

Unsere Hände sind jeden Tag vielen mechanischen und chemischen Reizen ausgesetzt. Auch Kinderhände sind dann häufig rau und schmerzen. Im Herbst und Winter (und auch sonst) tut eine kleine Handmassage mit Handcreme gut.

Ab 2 Jahren
Taktile Wahrnehmung

Das brauchen Sie

- **Handcreme**

Jedes Kind darf sich eine kleine, etwa erbsengroße Menge Handcreme auf den Handrücken tupfen. Dann geht es los. Zuerst die Handrücken, dann die Handflächen, dann jeden Finger und zum Schluss die Handgelenke eincremen. Am Ende des Reims schütteln die Kinder ihre Hände durch die Luft, um die Creme einziehen und trocknen zu lassen.

Creme, creme hin und her,
die Hände reib ich, das ist nicht schwer.

Creme, creme jeden Finger,
creme weiter, immer, immer.

Creme, creme außen, innen,
meine Hände, Zappelspinnen.

Duftseifen tasten

Ein Tastspiel mit Schnuppergenuss

Hmmm, das macht den Kindern (und Ihnen) bestimmt Spaß: kleine Duftseifen ertasten und erraten. Ein duftes Spiel für gleich mehrere Sinne und die Sprachförderung.

Ab 4 Jahren
Taktile und olfaktorische Wahrnehmung

Das brauchen Sie

- **kleine Seifen in der Anzahl der Kinder in vielen verschiedenen Formen (Tiere, Sterne ...) aus dem Drogeriemarkt**
- **Fühlsäckchen**

Füllen Sie mindestens sechs verschiedene kleine Seifen in ein Säckchen. Geben Sie das Säckchen in den Sitzkreis. Jedes Kind darf eine Seife blind darin ertasten und raten, um was es sich wohl handelt. Die Seife dann herausziehen und gemeinsam betrachten. Hatte der Rater recht? Dürfen die Kinder ihre Seife behalten und mit nach Hause nehmen? Dann halten Sie kleine Tütchen zum Transportieren bereit.

Variationen

Vielleicht haben die Seifen eine bestimmte Duftnote (Kokos, Rose ...). Können die Kinder herausschnuppern, um welchen Duft es sich handelt? Falls Sie keine entsprechenden Seifen finden können, dürfen die älteren Kinder vielleicht ein eigenes Seifchen schnitzen: Dazu bieten Sie größere Seifenstücke an. Die Kinder schnitzen unter Aufsicht mit nicht zu scharfen Messern ihre Seife in die gewünschte Form.

Falscher Vogel

Ein kniffliges Rätselspiel für kluge Finger

Finger können ganz schön klug sein. In diesem Spiel müssen sie das auch, denn sie sollen einen falschen Vogel erkennen: ein Teil, das im Sammelsurium im Schuhkarton irgendwie nicht richtig ist – und zwar nur durch Tasten.

Ab 4 Jahren
Konzentration, taktile Wahrnehmung

Das brauchen Sie

- **1 Schuhkarton mit Deckel**
- **Schere**
- **Spielzeugfiguren**
- **Krimkrams**

Den Schuhkarton folgendermaßen vorbereiten: Aus einer Schmalwand ein Loch ausschneiden, das groß genug ist, damit eine Kinderhand hindurchpasst. Den Karton nun mit Spielmaterial oder Ähnlichem einer Kategorie füllen, beispielsweise mit Tierfiguren. Zusätzlich legen Sie einen Flummi dazu. Oder Sie füllen Spielzeugfrüchte (etwa aus dem Kaufladen) hinein und zusätzlich ein Spielzeugtier. Auch möglich: Sie füllen echte kleine Früchte und Nüsse ein und 1 kleines Gemüse (Kürbis). Die Kinder müssen nun nur durch Tasten den „falschen Vogel“ herausfischen. Den Schwierigkeitsgrad können Sie an das Alter der Kinder anpassen.

Klick und klack!

Ein schnelles Spitzohren-Spiel, selbst gemacht

Was hört sich gleich an? Ein Geräusche-Memory können sich die Kinder hier ganz einfach selbst herstellen. Eine tolle Spielidee, die – einmal hergestellt – immer wieder für Spannung und Spaß sorgen kann. Trainiert werden auditive Wahrnehmung, auditive Differenzierung und natürlich Gedächtnis und Merkfähigkeit.

Das brauchen Sie

- **Filmdöschen oder Überraschungs-eierhülsen**
- **Füllmaterial wie kleine Steinchen, Sand, Reiskörnchen usw.**
- **1 Schuhkarton**

Ab 3 Jahren
Gedächtnis,
auditive Wahrnehmung

In die Behälter jeweils ein bestimmtes Material einfüllen, dabei alle Behälter doppelt herstellen, also beispielsweise zwei Behälter mit Sand, zwei weitere mit Reis, die nächsten mit Steinchen usw. Alle Behälter im Schuhkarton sammeln. Die Kinder sollen nun nur durch Lauschen herausfinden, was für ein Material in jedem der Behälter steckt. In einer zweiten Spielrunde müssen die Kinder nur durch genaues Hinhören die Rasselpartner finden. Nachgucken ist erlaubt und zeigt den Kindern, ob sie richtig geraten haben. Allerdings sollten die Kinder die Behälter vorsichtig öffnen, um nichts zu verschütten.

Die Schätz-Bar

Eine kleine Bar, um die eigene Wahrnehmung zu testen

Manchmal kann man sich ganz schön täuschen: Mengen und Gewichte, Zahlen und Volumen schätzen auch Erwachsene häufig mal falsch ein. Wie wäre es mit einem Ratetisch, an dem die Kinder schätzen, wiegen und zählen können und der im Gruppenraum und Morgenkreis immer wieder mit einbezogen werden kann?

Das brauchen Sie

- **1 freien Tisch oder Fensterbank**
- **viele Einmachgläser in unterschiedlichen Größen**
- **Füllmaterial wie kleine Münzen, Knöpfe, Kastanien, Kiesel, Wattebällchen usw.**
- **Klebeetiketten, Bleistifte**

Ab 5 Jahren
Augenmaß, Vorstellungsvermögen

Zwei oder drei Kinder füllen die Behälter mit den Füllmaterialen. Allerdings zählen sie dabei, soweit sie können, wie viele Einzelteile in einen Behälter kommen, beispielsweise 10 Knöpfe, 8 Watteballe, 12 Kastanien usw. Klugerweise reservieren die Kinder dabei die großen Behälter für großteiliges Material und füllen kleinteiliges Material (Knöpfe) in kleinere Gläschen. Jedes Glas bekommt einen Aufkleber mit der Stückzahl auf die Unterseite. Dann die restlichen Kinder zur Schätz-Bar einladen. Auch die Eltern können sich an der Schätz-Bar versuchen. Spannend wird es, wenn die Anzahl nicht so leicht abzuschätzen ist und sich etwa 40 Einzelstücke in einem Glas befinden.

Glöckchendieb

Ein Rätselspiel mit lauten und leisen Tönen

Einen Glöckchendieb zu enttarnen, ist gar nicht so einfach. Außer natürlich, wenn sich der Dieb durch Geklingel verrät. Bei diesem Hinhörspiel müssen alle gut aufpassen: der Dieb und die Rätsellöser. Ein tolles Spiel, um die Lautstärke im Gruppenraum zu reduzieren.

Das brauchen Sie

- **1 Glöckchen, Glocke oder Klingel**

Ab 3 Jahren
Aufmerksamkeit, genaues Hinhören

Die Kinder sitzen im Sitzkreis auf Stühlen oder einfach auf dem Boden. Ein Kind ist der Hund, es kommt in die Mitte und kauert sich so hin, dass es mit dem Bauch nach unten auf den Beinen liegt. Den Kopf vergräbt es in seinen Händen, sodass es nichts mehr sehen kann. Nach einiger Zeit steht ein Kind aus dem Sitzkreis auf und geht ganz leise zum Hund. Es nimmt leise und vorsichtig das Glöckchen auf, wobei es darauf achtet, dass das Glöckchen nicht klingelt. Mit dem Glöckchen setzt es sich auf seinen Platz zurück. Alle Kinder, auch der Glöckchendieb, halten nun ihre Hände hinter den Stuhllehnen verborgen. Der Hund hebt nun den Kopf und muss raten, welches Kind der Glöckchendieb ist.

Körperstraße

Eine Spielidee zum genauen Hinfühlen

Mit was wird da gerade über meinen Körper gerollt? Eine kleine Raterunde im Morgenkreis macht den Kindern Spaß und sorgt für entspannte Stimmung. Alles, was Sie benötigen, ist ein Korb mit einigen interessanten Anfühl-Materialien.

Ab 3 Jahren
Körperwahrnehmung, Eigenwahrnehmung

Das brauchen Sie

- **interessante Fühlmaterialien wie Tischtennis- und Tennisbälle, Igelbälle, Spielzeugautos, kleine PET-Flasche, Kinderbackrollen, weiche Haarbürsten, Kunstfell- oder Kunstpelzreste und weitere Materialien nach Ideen der Kinder**
- **Korb**
- **Matten**

Alle Fühlmaterialien im Korb sammeln. Im Sitzkreis kommt ein Kind in die Mitte und legt sich auf eine dort ausgebreitete Matte. Die pädagogische Fachkraft bittet es, die Augen zu schließen. Dann fährt sie sanft mit einem der Materialien über seinen Arm oder ein Bein. Kann das Kind mit geschlossenen Augen erraten, mit welchem Gegenstand es gerade abgerollt wurde? Nach einigen Runden finden sich die Kinder zu Paaren zusammen. Immer ein Partner legt sich auf die Matte, der andere rollt oder fährt ihn mit Material ab. Die Kinder können sich auch auf dem Bauch auf die Matte legen, auf diese Weise können sie nicht sehen, mit welchem Material sie als Nächstes befahren oder abgerollt werden.

Hamster vermisst

Ein Tast- und Suchspiel zum Lachen

Ab 2 Jahren
Körperwahrnehmung, taktile Erfahrungen

Unter den Dellen und Erhebungen unter der Decke steckt natürlich nicht wirklich ein ausgerissener Hamster. Darum dürfen die Kinder die Decke auch abklopfen und nach Herzenslust abtasten.

Das brauchen Sie

- **1 große Decke**
- **Flaschenkorken**
- **weiche, kleine Bälle**

Verteilen Sie die Korken und Bälle auf dem Boden und breiten Sie die Decke darüber. Die Kinder können die Decke nun abtasten und feststellen, wo sich unter der Decke die „Hamster" verstecken, d. h. die Erhebungen und Dellen befinden. In einer zweiten Runde können sich die Kinder auch längs über die Decke rollen und dabei beschreiben, an welcher Stelle ihres Körpers sie eine Erhebung oder einen Druck fühlen und der Hamster gespürt wird.

Blindes Vertrauen

Eine Ohne-Augen-Wanderung im Gruppenraum

Sich bewegen, ohne dabei sehen zu können: Das ist nicht nur ungewohnt, sondern es erfordert auch Mut. Gut, dass die Kinder in diesem Spiel einen Flüsterpartner haben, der auf sie aufpasst und sie durch Triangel-Klänge lenkt.

Ab 4 Jahren
Auditive Wahrnehmung, Körperwahrnehmung

Das brauchen Sie

- **Augenbinden für die Hälfte der Kinder**
- **1 Triangel**

Im Sitzkreis verbindet sich jedes zweite Kind die Augen mit einer Augenbinde. Die blinden Kinder stehen auf und kommen zwei Schritte nach vorne, bis sie einen Innenkreis bilden. Sie fassen sich an der Hand, damit sie etwas Sicherheit gewinnen. Auf ein Signal der pädagogischen Fachkraft, beispielsweise ein Schlag auf die Triangel, gehen die Kinder nun rückwärts auf ihren leeren Platz zu. Die sitzenden Kinder dürfen sie dabei lotsen und ihnen zuflüstern oder die Richtung weisen. Das geht so lange, bis alle Kinder wieder beisammensitzen. Dann wechseln die Kinder die Augenbinde.

Beweg dich nicht!

Ein Stillhaltespiel für die Körperbeherrschung

Gaaaanz still liegen bleiben? Bei diesem Spiel werden nicht nur die Lachmuskeln gereizt. Wer schafft es, möglichst viele weiche, leichte Gegenstände auf dem eigenen Körper zu balancieren?

Ab 4 Jahren
Körperwahrnehmung, Geduld, Grobmotorik

Das brauchen Sie

- **viele leichte Verpackungen ohne scharfe Kanten und Ecken, beispielsweise leere Eierkartons, leere Pudding- oder Joghurtbecher (sauber ausgespült), leere Pappschachteln usw.**
- **1 großer Wäschekorb**
- **1 Matte oder Matratze**

Sammeln Sie in einem Wäschekorb besonders viele Umverpackungen, die leicht sind und ohne scharfe oder abstehende Ränder auskommen. Die Kinder nehmen bis auf ein Kind, das sich freiwillig als Model meldet, im Sitzkreis auf Stühlen oder Kissen Platz. Das Kind in der Mitte legt sich auf die dort ausgelegt Matte. Der Reihe nach steht nun jedes Kind auf und platziert eine Verpackung auf dem liegenden Kind, bis jedes Kind ein- oder zweimal an der Reihe war und das Kind auf dem Boden fast ganz bedeckt ist. Das Kind am Boden sollte sich wenig bewegen, damit die Verpackungen nicht herunterfallen. Nach Wunsch dürfen die Kinder (mit der Einwilligung des Models) dieses Kind fotografieren. Danach ist ein anderes Kind an der Reihe.

Ballonmatratze

Ein Gleichgewichts- und Hinfühlspiel auf der Wabbelmatratze

Das macht Spaß und gute Laune: Bei dieser kleinen Zwischendurch-Übung dürfen sich die Kinder auf eine echte Wabbelmatratze legen. Dabei werden Sie erstaunt sein, wie viel Gewicht Luftballons tragen können. Ermuntern Sie die Kinder zum genauen Hinfühlen: Wie fühlt sich der wackelige Untergrund an?

Das brauchen Sie

- **viele Luftballons**
- **1 Kinderbettbezug oder Kissenhülle**

Ab 3 Jahren
Körperwahrnehmung, Empfindungen beschreiben

Die Luftballons aufpusten und in den Kissen- oder Bettbezug stecken. Diese Luftballonmatratze ist erstaunlich stabil. Die Kinder dürfen sich nacheinander drauflegen und ein bisschen entspannen.

Fingerspiele, Mitmachgedichte & -geschichten

Fingerspiele und Mitmachgedichte sind die Klassiker im Morgenkreis – und zwar zu Recht. Unsere Fingerspiele auf den folgenden Seiten helfen beim Zahlenlernen und vor allem auch beim Wachwerden. Denn auch Dinosaurier kommen morgens nicht immer gut aus ihrer Dino-Höhle. Da hilft es, sich passend zu Raubtierreimen ein bisschen zu recken und zu strecken. So fängt der Kita-Tag gut an!

Die Zahlenhexe

Ein Fingerspiel zum Mitzählen

Im Sitzkreis, Stehkreis, vor dem Mittagessen, vor dem Nachhausegehen: Dieser kleine Zahlenspruch macht Bald-Vorschulkindern immer Spaß.

Ab 5 Jahren
Mathematische Grunderfahrungen

Eins, zwei, drei, vier, fünf und sechs,
da ist sie schon: die kleine Hex'.

Mit den Fingern mitzählen: Als 1 den Daumen zeigen, dann immer mehr Finger.

Zaubert Zahlen, sieben, acht,
hört nur, wie die Hexe lacht.

Sieben und acht Finger hochhalten.

Neun und zehn, geschwind herbei,
Hokuspokus Schlangenbrei.

Neun und zehn Finger hochhalten, dann in die Hände klatschen.

Plus im Fingerspiel

Ein Fingerspiel zum Rechnenlernen

Ab 5 Jahren
Mathematische Grunderfahrungen

Erste leichte Plus-Aufgaben können Ihre Bald-Vorschulkinder vielleicht schon selbst? Oder auch nicht? Dieses kleine Fingerspiel bietet sich zum Mitrechnen an, denn die Reime geben ganz leicht das Ergebnis vor. Nach mehrmaligem Spielen wissen es die Kinder direkt auswendig.

Eins und eins, ganz laut jetzt schrei:
Das Ergebnis ist die: … Zwei.
Eins, zwei.

Erst einen, dann noch den zweiten Daumen hochhalten, dann die Finger zählen.

Zwei und zwei, verrat ich dir,
das ergibt nämlich gleich: … vier.
Eins, zwei, drei, vier.

Daumen und Zeigefinger einer Hand, dann auch der anderen Hand hochhalten, dann die Finger zählen.

Drei und drei, das weiß die Hex',
schnell gelöst ergibt es … sechs.
Eins, zwei, drei, vier, fünf, sechs.

Wie oben mit je drei Fingern bis sechs zählen.

Vier und vier, gib jetzt gut acht,
macht aus der Sieben eine: … Acht.
Eins, zwei, drei, vier, fünf, sechs, sieben, acht.

Wie oben mit je vier Fingern bis acht zählen.

Fünf und fünf, Finger oder Zehen,
ergibt als Summe nämlich: … zehn.
Eins, zwei, drei, vier, fünf, sechs, sieben, acht, neun, zehn.

Wie oben mit je fünf Fingern bis zehn zählen.

Wenn ich morgens aufsteh'

Ein Mitmachgedicht zum Wachwerden und Nachmachen

Sich alleine anziehen können: Nicht jedes Kind lernt das gern und schnell. Mit diesem Mitmachgedicht stellen die Kinder das Aufstehen, Anziehen und Fertigmachen für den Tag zumindest pantomimisch nach – eine kleine Aufforderung zum Selbstständig(er)werden.

Ab 3 Jahren
Bewegung, Wachwerden, Anziehenkönnen

Wenn ich morgens aufsteh',
test' ich die Kälte mit einem Zeh'.

Einen Fuß nach vorne halten.

Nein, das ist mir noch zu kalt,
ich steh auf, noch nicht, aber bald.

Sich die Arme reiben wie beim Frieren.

Mama kommt und kitzelt mich,
jetzt steh ich auf, na sicherlich.

Lachen wie beim Gekitzeltwerden.

Reck mich, streck mich hoch hinauf,
greife in den Himmel rauf.

Sich recken.

Schüttel meine Arme, Beine,
aufstehen kann ich ganz alleine.

Arme und Beine ausschütteln.

Stampfe mit den Füßen auf,
reiße alle Fenster auf.

Stampfen und pantomimisch ein Fenster öffnen.

Ziehe Strümpfe, Hosen an,
Mama meint: „Du bist spät dran!"

Pantomimisch das Strümpfe- und Hosenanziehen nachstellen.

Hemd, ein T-Shirt, Schuhe finden,
Haare kämmen, Schuhe binden.

Die genannten Tätigkeiten nachstellen.

Etwas Wasser ins Gesicht,
Zähne putzen sicherlich.

Die genannten Tätigkeiten nachmachen.

Fertig bin ich und auch wach,
toll, wie ich mich startklar mach.

Jubeln, in die Hände klatschen.

Achtung, die Dinos erwachen!

Ein Mitmachgedicht mit richtig viel Radau

Manchmal darf es laut sein. Beispielsweise wenn die Kinder nicht wirklich wach sind und es im Gruppenraum noch ungemütlich und kalt ist. Dann verscheucht dieses kleine Mitmachgedicht die Morgenmuffellaune und bringt Bewegung, Schwung und auch etwas Dino-Geschrei in die Runde. Bevor Sie starten, können die Kinder schon einmal etwas üben und vormachen, wie ein richtig gefährlicher Dinosaurier ihrer Meinung nach wohl gähnt und brüllt.

Ab 2 Jahren
Entspannung der Körpermuskulatur, Wachwerden

Wenn am Berg die Dinos erwachen,
reißen sie auf ihre Saurier-Rachen.

Den Mund ganz weit aufreißen und den Unterkiefer sanft nach links und rechts und nach oben und unten bewegen; diese Bewegungen lockern die Kiefermuskulatur.

Sie gähnen mit riesigen Drachenrachen,
sie gähnen so laut, dass alle erwachen.

Laut und ausgiebig gähnen.

Die Dinos stampfen mit den Füßen im Sand,
es donnert und wackelt das ganze Land.

Mit den Füßen stampfen.

Die Dinos trommeln auf ihrer Brust,
dazu haben sie morgens Lust.

Auf die Brust trommeln.

Sie recken und strecken die Dino-Glieder,
singen entsetzliche Raubtierlieder.

Sich recken und strecken.

Sie tanzen auf einem Dinobein,
stampfen Pflanzen und Gräser klein.

Auf einem Bein, dann auf dem anderen hüpfen.

Sie knacken mit Klauen und Gelenken,
die Tiere fliehen, das kann man sich denken.

Finger verschränken und dehnen; bei den Kindern sollte es nicht knacken, nur im Gedicht machen das die Dinos.

Sie schwingen die Arme im Kreis herum,
drehen sich dabei mehrmals um.

Die Arme schwenken und dabei die Schultermuskulatur lösen und entspannen.

Sie zischen und schnaufen,
sie brüllen und fauchen.

Das Zischen und Fauchen nachmachen.

Sie brummen und brüllen vor sich hin,
gut, dass ich kein Dino bin.

Brummen und brüllen.

Fünf Wichtel stehen auf

Ein Fingerspiel für den frühen Morgenkreis

Aufstehen ist ja wirklich nicht jedermanns Sache. Falls die Kinder noch ein bisschen müde oder schlecht gelaunt sind, hilft ein lustiges Fingerspiel. Dieses ist so einfach, dass Sie es schnell auswendig und die Kinder auch gleich mitmachen können.

Ab 2 Jahren
Wachwerden, Fingergeschicklichkeit, Zählen

Fünf Wichtel schliefen im Blätterbett,

Die Hand zur Faust ballen, sodass alle Finger versteckt sind.

der erste, der war dick und fett.

Den Daumen hervorziehen und damit wackeln.

Der zweite wollte im Bett noch bleiben,
musst kräftig an ihm ziehen und reiben.

Mit der anderen Hand am Zeigefinger ziehen und zupfen, bis der auch aus der Faust kommt.

Der dritte kommt und gähnt ganz laut,

Mittelfinger dazu nehmen, dazu laut gähnen.

der vierte ist heut schlecht gelaunt.

Ringfinger dazu nehmen.

Der fünfte und kleinste wackelt und lacht,

Den kleinen Finger als letzten Finger ausstrecken und mit allen Fingern wackeln.

das Aufstehen ist doch leicht gemacht.

In die Hände klatschen.

Specht-Orchester

Ein Tischklopfspiel

Ab 4 Jahren
Aufmerksamkeit, visuelle und auditive Wahrnehmung

Gemeinsam klopfen wie die Spechte? Das macht nicht nur Spaß, sondern auch ganz schönen Lärm. Darum hören Sie nach und nach wieder damit auf und genießen die Stille, die sich im Anschluss einstellt. Ab Seite 47 finden Sie noch mehr Spiele für Ruhe, Stille und Entspannung. Bei diesem Spiel müssen die Kinder sich gut konzentrieren, denn sie warten auf Ihr Signal (beispielsweise zuzwinkern oder zunicken).

Das brauchen Sie

- **Tisch und / oder Stühle**

Im Wald klopft heute ein einzelner Specht,
man hört es leise, nur sehr schlecht.

Sie als pädagogische Fachkraft klopfen mit den Fingerknöcheln auf den Tisch oder gegen Ihren Stuhl.

Da kommt ein zweiter Specht dazu,
vorbei ist's mit der Waldesruh.

Ein Kind aus der Runde fällt auf Ihr Zwinkern in das Klopfen mit ein, sodass Sie gemeinsam klopfen.

Ein dritter Specht klopft mit in der Runde.
So klopfen die Spechte eine ganze Stunde.

Ein weiteres Kind klopft mit, sodass Sie zu dritt klopfen.

Ein vierter und ein fünfter Specht,
jetzt wird's lauter, so ist's recht.

Zwei weitere Kinder klopfen mit.

Viele Spechte klopfen am Baum
und meine Stimme? Man hört sie kaum.

Alle restlichen Kinder klopfen mit.

Ein erster Specht hört auf und keucht:
„Ein kleines Päuschen, das ist's, was ich bräucht'!"

Ein Kind hört auf Ihr Signal hin auf zu klopfen.

Ein zweiter Specht setzt sich zur Ruh',
schließt die Vogelaugen zu.

Ein weiteres Kind hört auf.

Ein dritter Specht hört auf und geht,
ein vierter fällt ins Blumenbeet.

Zwei weitere Kinder hören auf.

Jetzt hören alle Spechte auf.
Die Spechte fliegen fort nach Haus
und die Geschichte, die ist … aus.

Alle Kinder und Sie selbst hören auf und alle genießen für einen Moment die Stille.

Besuch im Märchenwald

Eine Mitmachgeschichte im Wichtelreich

Wie wohl die Wichtel im Märchenwald leben? Kommen Sie mit und finden es heraus. In dieser Mitmachgeschichte besuchen die Kinder sie unter einer Baumwurzel.

Das brauchen Sie

- **1 Tisch**
- **CD-Spieler mit Tanzmusik**
- **für den Abschluss: einen Wichtelsnack, beispielsweise Plätzchen in Pilzform, Nüsse und Rosinen oder kleine Salzbrezeln**

Ab 2 Jahren
Grobmotorik, Fantasie

Habt ihr Lust, heute einmal einen Ausflug in den Märchenwald zu machen? Damit wir dort zu den Wichteln und Zwergen in die Wichtelhäuser und Zwergenhöhlen gehen können und damit uns die wilden Tiere und Riesen nicht finden können, müssen wir uns ganz klein zaubern. Seid ihr bereit? Ihr müsst während des Zauberspruchs ganz viel lachen, dann klappt es am besten. Der Zauberspruch geht so: „Hicke hacke, winzig klein, wir wollen wie die Wichtel sein."

Die Kinder lachen „hahaha" oder „hohoho".

Prima, jetzt sind wir wirklich winzig. Gräser wirken jetzt wie Bäume und unter Pilzen können wir uns prima unterstellen, wenn es regnet. Wir wandern noch ein Stückchen tiefer in den Märchenwald.

Eine Runde im Gruppenraum umherwandern.

Ah, hier kommt auch schon ein stampfender Waldriese. Schnell, versteckt euch unter dem Pilz, damit er nicht auf euch tritt.

Alle verstecken sich unter dem Tisch, Sie als pädagogische Fachkraft stampfen als Riese daran vorbei.

Gut gemacht. Als Nächstes besuchen wir die Wichtel, die unter der Wurzel dieses Baumes leben. Da sind sie schon. Wir feiern gemeinsam ein Wichtelfest. Jeder sucht sich einen Tanzpartner und dann wird getanzt. Wisst ihr, wie Wichtel tanzen? Sie werfen die Beine so hoch sie können. Könnt ihr das auch?

Kinder bilden Paare und tanzen den Wichteltanz nach eigenen Ideen und Vorstellungen wie oben beschrieben; dazu spielen Sie die Tanzmusik ein.

Langsam machen wir uns auf dem Rückweg, denn es wird bald dunkel im Wald und wir haben noch einen weiten Heimweg. Wie gut, dass die Waldhexen da sind. Sie zaubern uns erst einmal wieder groß. Während des Zauberspruchs müsst ihr die ganze Zeit über mit den Beinen stampfen, dann wirkt er besser. Er geht so: „Fix und flott und rote Ros', die Kinder werden wieder groß!"

Fest mit den Beinen stampfen.

Die Hexen nehmen uns auf ihren Besen ein Stückchen mit. Die Besen sausen mit Zauberkraft durch den Wald. Haltet euch gut fest!

Ganz schnell eine Runde durch den Wichtelwald sausen.

Hui, schon sind wir am Waldrand. Wir bedanken uns bei den Hexen und wandern zu Fuß zurück zur Kita. Schaut mal, die Wichtel haben euch eine Überraschung vorbereitet; da steht ein kleiner Wichtelimbiss für uns bereit.

Eine Runde langsam gehen, dann kann der Snack verspeist werden.

Flusspferderennen

Ein Oberschenkeltrommelspiel

Hatten Sie schon einmal ein Flusspferd auf dem Schoß? Nein? Mit diesem Spiel wird sich das ändern! Dieses kleine Reimspiel findet auf dem eigenen Oberschenkel statt. Die Kinder können den Unterschied zwischen dem schweren Flusspferd und der leichten Maus selbst darstellen und erfühlen.

Ab 2 Jahren
Körperwahrnehmung, taktile Erfahrungen

Ein Flusspferd spaziert durch den Sand ganz allein,
einsam will es nicht länger sein.

Mit der Faust sanft über den Oberschenkel klopfen.

Da kommt eine ganze Flusspferdeherde,
es zittert und bebt und wackelt die Erde.

Mit zwei Fäusten etwas fester über den Oberschenkel fahren.

Und zum Schluss, flink und gewitzt,
kommt noch ein Mäuschen dazugeflitzt.

Mit einer Hand über den Oberschenkel krabbeln.

Was machen die Flusspferde und die Maus?
Sie planschen im Wasser, dann geh'n sie nach Haus
und die Geschichte vom Flusspferd ist aus.

Mit den Handflächen sanft auf den Oberschenkel patschen.

Räupchen, wach auf!

Ein Mitmachgedicht rund ums Warten, Aufwachen und Staunen

Aus seltsamen grünen oder schwarzen Raupen werden wunderschöne Schmetterlinge. Unter den Blättern von Brennnesseln können die Kinder häufig solche Raupen oder Puppen finden. Irgendwann schlüpft aus der Hülle ein Schmetterling. Dieses kleine Wunder können die Kinder mit dem folgenden Fingerspiel nachstellen.

Das brauchen Sie

- **nach Wunsch und falls vorhanden: Sachbilderbücher / Literatur zum Thema „Schmetterling“**

Liegt ein Räupchen still und stumm
müde auf dem Blatt herum.

Den Zeigefinger auf die Handfläche der anderen Hand legen.

Wickelt und kuschelt sich gemütlich ein,
will ein Weilchen alleine sein.

Die Hand um den Finger schließen, „Pst!“ machen.

Dann, eins, zwei, drei, kommt's wieder raus
aus seinem Raupenkuschelhaus.

Mit dem Finger in der Hand wackeln und die Hand dann wegziehen.

Was ist das denn für ein Ding?
Das Räupchen ist ein … Schmetterling!

Beide Hände als Flügel aneinanderlegen und damit wegflattern.

Ab 2 Jahren
Fingergeschicklichkeit, Sprache

Schlafmütze!

Ein Mitmachgedicht für Langschläfer, Schlafmützen und Morgenmuffel

Noch müde? Nicht gut gelaunt? Dann hilft dieses Gedicht, bei dem die Kinder mit dem Körper das Aufwachen und Krafttanken nachstellen. Die Bewegung gleicht der einer Blüte, die sich öffnet, und hilft den Kindern, den Tag zu begrüßen.

Guckt euch nur die Schlafmütze an,
wie sie immer nur schlafen kann.

Mit den Armen über dem Kopf eine spitze Mütze bilden, den Kopf senken, sodass er fast auf der Brust aufliegt.

Schnarcht und träumt und regt sich nicht,
liebt es dunkel, mag kein Licht.

Augen schließen, Schnarchgeräusche machen.

Kitzelt sie und pustet sie an,
ob sie jetzt wohl aufwachen kann?

Pusten.

Die Schlafmütz' gähnt und reckt sich schön,
mag noch schlummern. Auf Wiedersehn!

Gähnen, sich recken, dann wieder in die Schlafmützenhaltung zurückkehren.

Ab 2 Jahren
Wachwerden,
die Laune heben

Schlafmütz, Schlafmütz, aufgewacht,
der Tag beginnt, die Sonne lacht.

In der Schlafmützenhaltung wackeln.

Juhu, jetzt ist sie wach und froh,
Schlafmütze, wir freuen uns so.

Die Arme aus der Schlafmützenhaltung lösen, kreisförmig nach oben und unten führen, den Kopf heben und auf diese Weise das Aufwachen und Fröhlichsein nachstellen.

Formel 1

Ein Kniereiterspiel aus dem Autorennsport

Kniereiter mögen auch die größeren Kinder in der Kita noch, vor allem, wenn sie so actionreich sind wie diese Rennautofahrt. Sie können das Spiel alternativ auch im Sitzkreis auf dem Boden durchführen. Dann können sich die Kinder in den Kurven richtig schön weit zur Seite lehnen.

Ab 2 Jahren
Grobmotorik, Sprachförderung

Das brauchen Sie

- **nach Wunsch: Matten oder Decken für den Sitzkreis am Boden**

Steig schnell ein und schnall dich an,
das Autorennen fängt gleich an.

Kind klettert auf den Schoß und stellt das Anschnallen pantomimisch nach.

Brummm, der Motor heult schon laut,
die Zuschauer haben Gänsehaut.

„Brummm!" machen.

Jetzt geht's los, schnell und schneller,
der Motor klingt jetzt immer heller.

Mit der Stimme den Motor nachmachen, leicht auf den Knien schaukeln.

Um die Kurve linksherum,
um die Kurve rechts und rum.

Das Kind nach rechts und nach links lehnen und dabei gut festhalten.

Doppelkurve, festgehalten,
und noch einmal rechts, schnell schalten.

Kind schnell nach rechts und links, dann noch einmal nach links lehnen, Schaltbewegungen machen.

Oh weh, oh je, da liegt ein Reifen,
drüberspringen, höchstens streifen.

Das Kind auf den Knien hüpfen lassen.

Kurz vor dem Ziel, doch was ist das?
Das Auto wackelt wie irgendwas.

Mit den Knien wackeln.

Juhu, im Ziel, das Rennen ist aus,
wir halten an und steigen aus.

Kind absteigen lassen.

Fingeralarm

Ein Fingerspiel zum Lachen und Aufwachen

In diesem Fingerspiel sind die Finger noch furchtbar müde und schlafen ständig wieder ein. Darum wecken die Kinder sie mit einem Fingeralarm. Ob das funktioniert?

Ab 2 Jahren
Wachwerden, Fingergeschicklichkeit

Alarm, Alarm, schnell aufgewacht,
die Finger werden wach gemacht.
Erst einer, dann alle, sie wackeln umher,
das Wackeln gefällt den Fingern sehr.

Die Hand in der Luft schütteln, eine Faust machen, zuerst den Daumen, dann die restlichen Finger hervorziehen und damit wackeln. Dann wieder eine Faust machen und Schnarchgeräusche machen.

Alarm, Alarm, schlaft bloß nicht ein,
die Finger sollen doch aufgewacht sein.
Erst einer …

Wie oben.

Alarm, Alarm, jetzt schlummert nicht mehr,
wach seid ihr jetzt, bitte sehr.
Erst einer …

Wie oben, aber keine Faust mehr machen und nicht mehr schnarchen.

Morgenkreisspiele für Ruhe & Entspannung

Darf es etwas mehr Ruhe sein? Bitte sehr: Auf den folgenden Seiten servieren wir ruhige und konzentrierte Spielideen, Mini-Meditationen, schnelle Entspannungsgeschichten, Flüsterreime und eine meditative Klanggeschichte. Alle Ideen kommen mit wenig Material aus und sind auch zwischendurch schnell durchführbar.

Das tut mir gut

Ein Massage- und Wohlfühlspiel im Sitzkreis

Ein Igelball, der zart über den Arm rollt, oder doch lieber ein Massagehandschuh mit etwas rauerer Oberfläche? Ein Spielzeugauto, dessen Reifen beim Fahren lustig auf der Haut kitzeln, oder doch lieber ein zarter Fellhandschuh? Ein glatter Kieselstein? Ein weicher Ball? Eine kribbelnde Körperbürste? Sammeln Sie mit den Kindern Massagematerialien in einem großen Korb. Dann geht es los.

Das brauchen Sie

- **1 großen Korb**
- **verschiedene Massage- und Wohlfühlmaterialien aus dem Vorrat wie Igelbälle, weiche Bälle, Massagehandschuhe, weiche Massagebürsten**

Ab 5 Jahren
Körperwahrnehmung, Empfindungen ausdrücken

Die Kinder sitzen in einem lockeren Sitzkreis auf dem Boden. In der Mitte steht der Korb mit den Massagematerialien: Kennen die Kinder diese Gegenstände? Wissen sie, was man damit macht? Die Kinder dürfen die Materialien zunächst ausprobieren und in Ruhe untersuchen. Dann wandern alle Materialien zurück in den Korb.

In der Runde darf nun jedes Kind der Reihe nach seinen Lieblingsgegenstand aus dem Korb nehmen. Es stellt ihn den anderen Kindern mit der richtigen Bezeichnung vor und erklärt kurz, warum es diesen Gegenstand am liebsten mag und wie er sich anfühlt. Dann legt es den Gegenstand zurück in den Korb und das nächste Kind ist an der Reihe.

Anschließend können sich die Kinder zu Paaren zusammenfinden und sich gegenseitig mit ihrem Lieblingsgegenstand abrollen oder massieren.

Lausch dem Ton!

Eine schnelle Ruhe-Idee für jede Gelegenheit

Wie ist es, wenn die Geräusche des Alltags mehr und mehr zum Erliegen kommen? Wenn ein Ton immer leiser wird, bis er schließlich für menschliche Ohren nicht mehr wahrnehmbar ist? Das bewusste Wahrnehmen von immer leiser werdenden Klängen begleitet die Kinder beinahe unbewusst in die Ruhe. Eine schöne Idee, um Stille zu genießen.

Ab 4 Jahren
Auditive Wahrnehmung, Stille wahrnehmen und genießen

Das brauchen Sie

- **Instrumente mit lange andauerndem Klang wie Klangschale, Gong oder Triangel, ersatzweise Glocke, Glockenspiel oder Xylophon**
- **Matten oder Matratzen**
- **Decken**
- **Kissen**

Die Kinder machen es sich auf den Matten oder Matratzen gemütlich. Dazu bekommen sie auch je nach Temperatur Decken und Kuschelkissen. Wenn alle Kinder gemütlich liegen, bitten Sie die Kinder, ganz leise zu sein. Dann schlagen sie ein Instrument an. Die Kinder sollen dem Klang lauschen, bis er nicht mehr zu hören ist. Wenn er verklungen ist, dürfen die Kinder es sagen. Ist von dem Ton wirklich nichts mehr zu hören? Wiederholen Sie die Übung mehrmals und setzen Sie vielleicht verschiedene Klanginstrumente ein. Sie werden erstaunt sein, dass die Kinder dem Ton immer länger nachlauschen. Das Verklingen des Tons erfordert Stille im Raum und mit dem Verklingen werden die Kinder auch ruhiger werden. Eine tolle Übung, um Meditationen oder Fantasiereisen zu beginnen.

Wach auf und spür den Klang!

Eine entspannende Idee zum Krafttanken

Ab 4 Jahren
Ruhe spüren, Auftanken

Die Kinder sind erschöpft, vielleicht auch schlecht gelaunt? Dann hilft eine kleine Pause zum Krafttanken. Wenn Sie einen Snack parat haben, binden Sie ihn mit ein. Erlauben Sie sich selbst und den Kindern diesen kleinen Break im Alltag und finden Sie wieder zu Ihrer Kraft zurück.

Das brauchen Sie

- **Matten oder Matratzen**
- **Decken**
- **1 Tisch mit Stühlen**
- **kleine Snacks, beispielsweise Rosinen und Nüsse, Plätzchen, Dörrobst, Gummibärchen, abgedeckt mit einem Tuch**
- **1 Klanginstrument mit angenehmem, nicht zu lautem Klang, etwa eine Klangschale mit Klöppel**
- **CD-Spieler mit Entspannungsmusik**

Auf dem Tisch stellen Sie abgedeckt den Snack bereit. Die Kinder sollen nicht sehen können, um was es sich handelt. Auf dem Boden legen die Kinder inzwischen Matten und Matratzen aus und machen es sich, nach Wunsch eingekuschelt in Decken, darauf gemütlich. Stellen Sie leise die Entspannungsmusik an. Die Kinder können den Klängen eine Weile lauschen.

Gehen Sie zu einem der Kinder. Stellen Sie die Klangschale vorsichtig auf dem Bauch oder Rücken des Kindes ab. Ob das Kind den Klang der Klangschale spüren möchte? Wenn ja, dann schlagen Sie die Klangschale vorsichtig an, sodass das Kind die Vibrationen spüren kann. Wenn Klang und Vibrationen verklungen sind, steht das Kind leise auf und darf sich einen Snack vom Tisch nehmen. Sie gehen weiter zum nächsten Kind, bis alle Kinder mit Klang geweckt wurden. Gemeinsam können Sie nun noch etwas am Tisch oder auf den Matten sitzen, schlemmen und sich über die Empfindungen beim Klangschalenspüren austauschen

Kuschelinsel

Ein Bewegungsgedicht zum Immer-langsamer-Werden

Schildkröten sind eigentlich gar nicht so langsam. In dieser Mitmachgeschichte werden sie allerdings immer langsamer – und das manchen die Kinder nach und mit. Auf der Kuschelinsel können sie dann eine Weile ausspannen und neue Kraft tanken.

Ab 2 Jahren
Grobmotorik,
Ruhe empfinden

Das brauchen Sie

- **für jedes Kind eine Matte / Matratze mit Decken und Kissen oder eine Kuschelecke für alle Kinder gemeinsam**

Legen Sie die Matratzen und Matten im Kreis als Kuschelinsel aus oder nutzen Sie eine schon vorhandene Kuschelecke im Gruppenraum. Zu Beginn der Geschichte kriechen die Kinder wie Schildkröten auf allen Vieren durch den Raum, immer um die Kuschelinsel herum. Zunächst schnell, dann passend zum Text immer langsamer. In der passenden Strophe suchen sie sich eine Matte/Matratze und machen es sich darauf gemütlich. Lassen Sie den Kindern dann genug Zeit, um sich auszuruhen, der vorangegangenen Bewegung nachzuspüren und etwas zu träumen.

Die kleine Schildkröte hat's eilig heute,
sie kriecht recht schnell, es staunen die Leute.

Ein Nestchen für die Nacht wär' schön,
drum muss sie heute schneller geh'n.

Doch es ist heiß, die Beine schwer,
die Schildkröte, sie kann nicht mehr.

Langsamer kriecht sie nun weiter,
dabei bleibt sie froh und heiter.

Und noch ein bisschen langsamer jetzt,
sie wird's schon finden, das Schildkrötennest.

Ach, da ist ein schönes Plätzchen,
ein wunderbares Ruhenestchen.

Die Schildkröte, sie buddelt sich
ins Nestchen warm und kuschelig.

Schließt die Krötenaugen zu,
wie herrlich ist es, jetzt zu ruh'n.

Die Schildkröt' ist sehr klug, weiß viel:
Wer langsam kriecht, kommt auch ans Ziel.

Meeresmuschel-Entspannung

Spiel- und Ruhe-Ideen mit Muscheln

Manchmal ist Ruhe ganz einfach: Stellen Sie den Kindern einen Korb mit vielen verschiedenen schönen Muscheln und Schneckenhäuschen hin. Fertig. Die Kinder werden von selbst beginnen, sich mit diesem Naturmaterial auf beruhigende Weise zu beschäftigen. Wir haben trotzdem einige Ideen zur Unterstützung oder Anregung für Sie gesammelt.

Das brauchen Sie

- **1 Korb**
- **viele unterschiedliche Muschelschalen und Meeresschneckenhäuser**
- **CD-Spieler mit Entspannungsmusik und / oder Meeresgeräuschen**
- **1 Perle (möglichst echt, beispielsweise aus dem Edelsteinhandel)**

Ab 4 Jahren
Entspannung, Ruhigwerden

Stellen Sie leise die Entspannungsmusik an. Die Kinder kommen im Sitzkreis zusammen. In der Mitte steht der Korb mit den Muscheln. Zeigen Sie den Kindern den Korb. Muscheln sind Lebewesen, die am Grund des Meeres oder an Felsen leben. Sie filtern das Meereswasser, indem sie ihre beiden Schalen öffnen. Dabei schlürfen sie kleine Lebewesen in sich hinein, die im Muschelinnern verdaut werden. Auf der Welt gibt es viele verschiedene Muschelsorten.

Die Kinder dürfen den Korb ausleeren. Von sich aus werden die Kinder auf die Idee kommen, die Muscheln zu sortieren. Lassen Sie das zu. Die Kinder werden und sollen sich selbst Kriterien überlegen, nach denen die Muscheln sortiert werden können (Größe, Farbe, Beschaffenheit der Schalen oder Häuschen).
Auch eine Lieblingsmuschel wird jedes Kind haben. Fordern Sie die Kinder auf, sich eine Lieblingsmuschel aus dem Korb zu nehmen und sie den anderen Kindern kurz vorzustellen. Eine Mini-Entspannungsgeschichte können die Kinder beim Spielen oder im Liegen anhören. Im Anschluss an die Geschichte zeigen Sie den Kindern die echte Perle.

Es war einmal eine kleine Meeresmuschel. Sie lebte ganz unten im Meer auf dem Grund. Hier war es weich und gemütlich im feinen Meeressand. Die Muschel kuschelte sich ganz tief in den Sand und ließ sich vom Wasser streicheln. Das Meer bewegte die Muschel ganz sanft hin und her. Und hin und her. Da wurde die Muschel ganz ruhig und beinahe wäre sie eingeschlafen. Aber irgendjemand klopfte an ihre Schale.

Auf den Boden klopfen.

„Hallo?“, die Muschel klappte sich vorsichtig auf. Ein kleiner Krebs stand vor ihr. Er klopfte mit seiner Schere an ihre Muschelhälften.
„Hallöchen!“, sagte der Krebs. „Ich wollte bloß mal sehen, wie du von innen aussiehst. Was ist das denn für ein Hubbel da in dir drin?“
Die Muschel war erstaunt. Da war tatsächlich etwas in ihr. Es glänzte und glitzerte, wenn Licht darauf fiel. Es sah wirklich schön aus. Es schimmerte weiß und etwas blau.
„Das ist … äh …“, die Muschel verstummte ratlos.
Da kam eine Qualle vorbeigeschwebt. Zart kräuselten sich ihre durchsichtigen Fangarme im Wasser.
„Na“, sagte die Qualle, „das ist doch eine Perle. Wisst ihr denn nicht, was das ist? Das ist ein Schatz, ein wunderschönes Wunderwerk. Menschen tragen so was an Ketten.“
Und die Qualle schwebte davon. Die Muschel guckte sich ihre Perle noch einmal an. Manchmal kann man Schönheit von außen nicht sehen, nur von innen.

Im Meer

Eine ruhige Bewegungs- und Fühlgeschichte

Wie in der progressiven Muskelentspannung werden auch bei dieser Bewegungsgeschichte nach und nach die Körperteile von unten nach oben an- und wieder entspannt. Damit die Kinder konzentriert dabeibleiben, sind die Übungen in eine Geschichte verpackt, in der die Kinder Tigerfische sind.

Ab 4 Jahren
Entspannung, Entlastung der Muskulatur

Das brauchen Sie

- **1 Schale mit feinem Sand**
- **Muscheln, Schneckenhäuschen, Seesterne**

Legen Sie die Matten in einem Kreis aus. Die Kinder machen es sich zunächst im Sitzen darauf gemütlich. Im Sitzkreis geben Sie die Schale mit dem Sand und den Muscheln herum. Die Kinder dürfen den Sand anfühlen und durch ihre Finger rinnen lassen. Wie fühlt sich das an? Wie fühlen sich die Muscheln an? Wenn jedes Kind einmal fühlen durfte, stellen sie die Schale zurück und die Kinder dürfen sich hinlegen. Dann erzählen Sie diese kleine Entspannungs- und Bewegungsgeschichte, die die Kinder mit Bewegungen begleiten können.

Es war einmal ein Schwarm kleiner Tigerfische. Die Tigerfische waren noch ganz jung, Tigerfischkinder. Den ganzen Tag schwammen sie im Meer.

Auf den Bauch legen und Schwimmbewegungen machen.

Die Tigerfischkinder mochten es auch sehr gern, wenn sie sich in den feinen, weichen Meeressand legen durften. Dann kuschelten sie sich im Sand so richtig gemütlich ein.

Auf der Decke gemütlich hinlegen.

Im Liegen wackelten sie mit den Flossen. Zuerst mit der Schwanzflosse. Sie schüttelten sie vorsichtig aus.

Die Füße bewegen, dann stillhalten, die Unterschenkel bewegen, stillhalten, die Oberschenkel und dann die Beine ruhig hinlegen und nachspüren.

Dann mit den seitlichen Flossen.

Die Finger, die Hände, dann die Unterarme, zum Schluss die Oberarme bewegen und ablegen.

Dann schüttelten sie ihren Bauch.

Den Bauch etwas hin- und herbewegen, auf der Matte wackeln, dann ruhig liegen und der Bewegung nachspüren.

Und zum Schluss bewegten sie ganz vorsichtig den Kopf.

Den Kopf ganz leicht drehen, dann ruhig liegen.

Jetzt fühlten sich alle Fische sehr entspannt und wohl. Sie wälzten sich einmal zur einen Seite …

Auf eine Seite wälzen.

… dann zur anderen.

Zur anderen Seiten wälzen und wieder zurückdrehen.

Dann hoben sie die Schwanzflosse und legten sie sachte wieder zurück.

Die Beine anheben und wieder sanft zurücklegen.

Zum Schluss reckten und streckten sie sich so richtig gemütlich.

Recken und strecken.

Und dann? Schwammen die Fische nach Hause zu ihren Eltern zum Abendessen.

Einschlaf-Eule

Ein Fingerspiel zum Beruhigen und Müdewerden

Jüngere Kinder können dieses Fingerspiel mit Körperkontakt vor dem Mittagsschläfchen spielen, ältere Kinder machen das Fingerspiel eigenständig mit. Durch die Konzentration auf sich selbst und die eigenen Hände sowie die taktile Wahrnehmung begleitet dieses Fingerspiel Kinder zu sich selbst und in die Ruhe.

Ab 2 Jahren
Entspannen, zur Ruhe kommen

Es war einmal eine Eule, ganz klein,
die wollte niemals schlafend sein.

Aus der um den Daumen geschlossenen Faust den Daumen schnellen lassen.

Wach war sie bei Tag und Nacht,
gab auf Tiere und Pflanzen acht.

Mit dem Daumen wackeln, die anderen Finger bleiben zur Faust geschlossen.

Da kam der Wind, strich ihr übers Gefieder,
kleine Eule, komm und schlaf mal wieder.

Über den Daumen pusten und mit dem Zeigefinger der anderen Hand über den Daumen streicheln.

Da gähnte die Eule auf ihrem Bügel,
steckte den Kopf unter den Eulenflügel.

Gähnen, den Daumen in die Faust stecken, Schnarchgeräusche machen

Morgenkreisspiele mit Musik & Klang

Lieder, Reim-Klang-Geschichten, Tanzlieder und Spiellieder: Auf den folgenden Seiten kommt Musik in die Morgenkreisrunde. Nichts entspannt so schön wie Musik und nichts kann gleichzeitig mehr Schwung und gute Laune in die Gruppe zaubern. Setzen Sie die folgenden Musikideen nach Ihren Gegebenheiten, Wünschen und den Ideen der Kinder ein.

Auf der Wiese

Ein ruhiges Liedchen zum Direktmitmachen

Zur Melodie von „Kommt ein Vogel geflogen“ können Sie mit den Kindern dieses einfache Lied mit Tanzbewegungen begleiten. Anregungen dazu finden Sie in den Strophen. Am Ende des Liedes können sich die Kinder auf den Boden oder in die Kuschelecke legen. Wenn Sie das Lied langsam singen, kommen die Kinder beim Mittanzen besser zur Ruhe.

Ab 3 Jahren
Zur Ruhe kommen,
Entspannen zu Musik

Auf der Wiese, auf der Wiese,
tanzen Elfen heut im Kreis.
Auf der Wiese, auf der Wiese,
kannst sie sehen, bist du leis'.

Die Kinder drehen sich langsam im Kreis

Auf der Wiese, auf der Wiese,
tanzen Elfen hin und her.
Auf der Wiese, auf der Wiese,
kannst sie sehen, ist nicht schwer.

Die Kinder tanzen von einem Fuß auf den anderen.

Auf der Wiese, auf der Wiese,
tanzen Elfen auf und ab.
Auf der Wiese, auf der Wiese,
schwingen ihren Zauberstab.

Die Kinder gehen in die Hocke und stehen wieder auf.

Auf der Wiese, auf der Wiese,
tanzen Elfen heut zu zweit.
Auf der Wiese, auf der Wiese,
bis zum Winter, wenn es schneit.

Die Kinder finden sich zu Paaren zusammen und tanzen Hand in Hand oder eingehängt.

Auf der Wiese, auf der Wiese,
geh'n die Elfen jetzt zur Ruh'.
Auf der Wiese, auf der Wiese,
machen ihre Augen zu.

Die Kinder legen sich hin.

Klipp, klapp

Ein Klang- und Mitmachlied für schnelle Ponys

Dieses Lied können Sie einfach zur Melodie von „If you're happy" singen. Zusätzlich können die Kinder das Lied nach eigenen Ideen mit Klanginstrumenten begleiten. Schön passen beispielsweise Holzblock, Klangstäbe oder Templeblocks. Die Kinder können die Instrumente, wenn sie sehr konzentriert sind, zu klipp, klapp usw. bespielen. Kinder, die motorisch und von der Konzentration noch nicht so weit sind, können auch einfach die Geräusche nachmachen: bei schlürf, schlürf laut schlürfen, bei mampf, mampf ein Essgeräusch machen oder „lecker, lecker!" rufen – je nach Ideen der Kinder.

Ab 4 Jahren
Konzentration, auditive Wahrnehmung

Kleines Pony, komm und lauf zu deinem Stall, klipp, klapp,
kleines Pony, komm, ich such dich überall, klipp, klapp.
Kleines Pony, du bist müde
und der Abend zieht ins Land,
kleines Pony, komm, ich bring dich in den Stall, klipp, klapp.

Kleines Pony, komm und trink aus deinem Fass, schlürf, schlürf,
kleines Pony, komm, das ist so herrlich nass, schlürf, schlürf.
Kleines Pony, du bist durstig
und der Abend zieht ins Land,
kleines Pony, komm und trink aus deinem Fass, schlürf, schlürf.

Kleines Pony, komm und friss ein bisschen Heu, mampf, mampf,
kleines Pony, komm, du kannst dich darauf freu'n.
Kleines Pony, du bist hungrig
und der Abend zieht ins Land,
kleines Pony, komm und friss ein bisschen Heu.

Kleines Pony, jetzt bist du ja endlich da, juhu.
Kleines, Pony, das ist wirklich wunderbar, juhu.
Kleines Pony, du bist super
und der Abend ist schon da.
Kleines Pony, jetzt du ja endlich da, juhu.

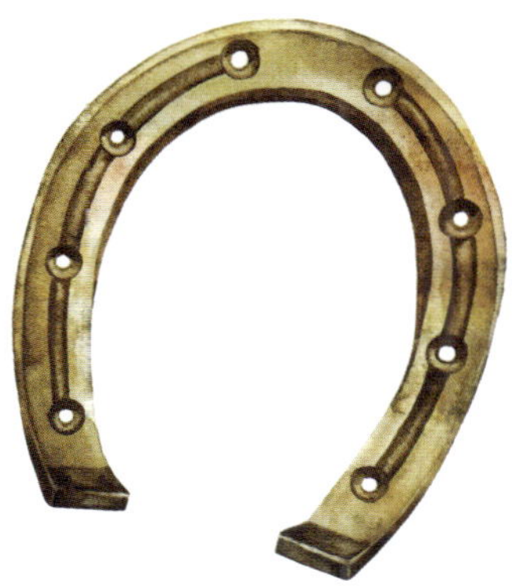

Funkel, funkel, kleines Licht

Ein Sofort-Mittanzlied mit Laternen

Dieses kleine Tanzlied können die Kinder mit ihrer Martinslaterne tanzen oder mit einem LED-Lichtchen, das sie zuvor mit einem Gesicht bemalen. Ersatzweise eignen sich auch Taschenlampen.

Ab 3 Jahren
Bewegung zu Musik, Grobmotorik

Das brauchen Sie

- **für jedes Kind eine Laterne, Taschenlampe oder ein LED-Lichtchen**
- **nach Wunsch: wischfesten schwarzen Filzstift**

Zu Beginn des Tanzes sitzen die Kinder in einem Sitzkreis auf dem Boden. Jedes Kind hält ein Licht (Laterne, LED, Taschenlampe) in den Händen. Zu den ersten beiden Zeilen stellen die Kinder ihr Licht an. Zu den mittleren beiden Zeilen stehen die Kinder auf, drehen sich einmal um sich selbst, dabei halten sie das Licht in die Höhe. Zu den letzten beiden Zeilen setzen sich die Kinder zurück in den Kreis.

Funkel, funkel, kleines Licht,
ich versprech: Ich lösch dich nicht.
Knips dich an, knips dich nicht aus,
trage dich in unser Haus.
Funkel, funkel, kleines Licht,
ich versprech: Ich lösch dich nicht.

Lichtchen, Lichtchen, du musst wandern

Ein Hell-und-Dunkel-Lied zum Spielen und Rätseln

Wenn möglich, dunkeln Sie für dieses Lied den Raum etwas ab. Dann macht dieses Singspiel, bei dem ein LED-Lichtchen im Kreis herumgegeben wird, besonders viel Spaß.

Ab 3 Jahren
Aufmerksamkeit, Musik erfahren

Das brauchen Sie

- **ein LED-Lichtchen**

Zur Melodie von „Taler, Taler, du musst wandern" singen die Kinder im Stuhlkreis dieses Liedchen. In der nächsten Spielrunde geht ein Kind als Rater in die Kreismitte und hält sich kurz die Augen zu. Die pädagogische Fachkraft oder Spielleitung gibt ein angestelltes LED-Lichtchen in den Kreis. Die Kinder geben es möglichst unauffällig hinter den Stuhllehnen so weiter, dass das Kind in der Mitte, das nun die Hände von den Augen nehmen darf, es vielleicht sehen kann. Dazu singen sie das Lied.

Ist das Lied zu Ende, muss das Kind in der Mitte raten, bei welchem Kind sich das Lichtchen gerade befindet. Hat es richtig geraten, geht in der nächsten Spielrunde dieses Kind in die Kreismitte.

Lichtchen, Lichtchen, du musst wandern,
von der einen Hand zur andern.
Das ist schön, das ist schön,
Lichtchen, lass dich nur nicht seh'n.

Froschdurcheinander

Eine Klanggeschichte mit Laut und Leise, die nie zu Ende geht

Die Frösche machen in dieser Reimklanggeschichte einen ganz schönen Lärm. Nur wenn ein Storch vorbeikommt, verstummen sie. Warum? Weil Störche Frösche einfach lecker finden. Das stellen die Kinder mit einer Laut-und-leise-Klanguntermalung nach.

Das brauchen Sie

- **für jedes Kind ein Guiro oder einen Klangfrosch oder ein anderes geeignetes Klanginstrument (ersatzweise auch geriffelte PET-Flaschen und einen stumpfen Buntstift)**

Ab 4 Jahren
Lärm und Stille erfahren

Die Frösche singen heut ein Lied
und alle Frösche singen mit.

Stille.

Erst singt einer ganz einsam vor,
dann singt ein zweiter schon mit im Chor.

Ein Kind bespielt allein sein Instrument, das von der pädagogischen Fachkraft per Blickkontakt das Signal bekommt, dann kommt ein zweites dazu.

Ein dritter Frosch fällt fröhlich ein,
dann werden schon vier am Singen sein.

Ein drittes Kind, dann ein viertes spielt auf seinem Instrument.

Und dann singen alle Frösche im Chor,
ein riesiger Lärm, stell's dir nur vor.

Alle Kinder gemeinsam spielen nun auf ihren Instrumenten.

Doch plötzlich ist Stille, die Frösche ganz leise,
ein Storch kommt vorbei auf seiner Reise.

Stille.

Leise, ganz leise, der Storch, er fliegt weg,
da kommen die Frösche aus ihrem Versteck.

Stille.

Erst singt einer …

Wieder beginnen.

Kleine Frösche

Eine Sing- und Klanggeschichte für Eilige

Was ist langsam, was ist schnell? Bei dieser Mini-Klanggeschichte können die Kinder es selbst herausfinden und mit ihren Klanginstrumenten darstellen. Sie können für die Frösche verschiedene Ratschflaschen oder Guiros aussuchen. Auch Guiros in Froschform (sogenannte Klangfrösche) gibt es im Spielzeug- und Musikhandel, die zu dieser Geschichte natürlich besonders gut passen.

Das brauchen Sie

- **Guiros oder Klangfrösche (ersatzweise PET-Flaschen mit geriffelter Oberfläche und einen robusten Stift oder Pinsel)**

Ab 3 Jahren
Konzentration, Musik erfahren

Kleine Frösche machen quik quak, quik quak,

Zu „quik quak" bespielen die Kinder die Instrumente ganz langsam.

große Frösche machen quik quak, quik quak

Zu „quik quak" bespielen die Kinder ihre Instrumente schneller.

und die ganz, ganz, großen Frösche quike quake, quike quake, quike quake, quik.

Zu „quike quake" spielen die Kinder schnell und heftig auf den Instrumenten.

Impressum

Bibliografische Information der Deutschen Bibliothek
Die Deutsche Bibliothek verzeichnet diese Publikation in der Deutschen Nationalbibliografie; detaillierte bibliografische Daten sind im Internet über http://dnb.ddb.de abrufbar.

3. Auflage 2021

Text: Suse Klein
Illustrationen: Maryse Forget
Abbildungen: S. 6/49 © izumikobayash – Fotolia.com, S. 9 © svemar – Fotolia.com, S. 12 © olesyaturchuk – Fotolia.com, S. 14 © Mariya Stupak – Shutterstock.com, S. 15/56 © Faenkova Elena – Shutterstock.com, S. 16/32/60 © derbisheva – Fotolia.com, S. 20 © Anastasia Lembrik – Shutterstock.com, S. 21 Brezel © imaginasty – Shutterstock.com, S. 21 Schokolade © Le Panda – Shutterstock.com, S. 21 Zitrone, Sternfrucht, Erdbeere © Color Brush – Shutterstock.com, S. 21 Trauben © Botanical Watercolor – Shutterstock.com, S. 24 © Christine Wulf – Fotolia.com, S. 25/26 © cat_arch_angel – Fotolia.com, S. 26 Kastanien © vaneeva – Fotolia.com, S. 27 © Catya Shok – Shutterstock.com, S. 29 © itiir – Fotolia.com, S. 29 Maus © Gribanessa – Fotolia.com, S. 31 © mimibubu – Shutterstock.com, S. 34/35 © Kateryna – Fotolia.com, S. 40 © Tany Kart – Shutterstock.com, S. 41 © AVD88 – Istockphoto.com, S. 42 © undrey – Fotolia.com, S. 43 © suns07butterfly – Shutterstock.com, S. 44 © VolodymyrV – Istockphoto.com, S. 59 © Homunkulus28– Istockphoto.com, Cover: Heißluftballon © derbisheva – Fotolia.com
Satz & Gestaltung: Katrin Kleinschrot

Druck und Bindung: Balto Print
ISBN 978-3-7806-5116-7